BYD YR ARDD LYSIAU

Carron Brown

Darluniau gan Alyssa Nassner

Addasiad Elin Meek

RILY

Mae'r ardd lysiau'n tyfu yng ngwres yr haul. Os edrychi di'n ofalus rhwng y coesynnau, o dan y dail ac yn y pridd, cei weld yr anifeiliaid a'r planhigion sy'n byw yno.

Goleua dortsh y tu ôl i'r dudalen, neu dalia hi at y golau i weld beth sy'n cuddio yn yr ardd lysiau.

Cei weld byd bach sy'n llawn rhyfeddodau mawr!

Mae hedyn planhigyn tomato wedi cael ei hau mewn potyn. Pan fydd wedi tyfu'n blanhigyn ifanc, bydd yn cael ei blannu'r tu allan.

Pa dri pheth sydd eu hangen er mwyn iddo dyfu?

Sblish!

Sblash!

Sblosh!

Mae angen dŵr, gwres a phridd
er mwyn i'r hedyn dyfu.

Crawc!

Mae adar sy'n bwyta'r hadau a gafodd eu hau yn yr ardd yn codi i'r awyr.

Pam maen nhw'n hedfan i ffwrdd?

Mae'r bwgan brain yn
sefyll yn dalog yn yr ardd.

Mae'n edrych fel person,
ac mae hynny'n codi ofn
ar yr adar ac yn eu cadw
draw oddi wrth yr hadau.

Fflap!

Fflap!

Mae gwreiddiau'r planhigyn tomato'n tyfu'n gryf o dan y ddaear.

Pa greaduriaid sydd yn y pridd?

Mae mwydod
yn malu darnau o
blanhigion marw
a dail yn fân, mân.

Mae hyn yn gwneud
bwyd i
blanhigion
eraill.

Gwingo!

Mae cwningod
yn hoffi bwyta'r
chwyn sy'n tyfu
yn yr ardd.

Mae'r garddwr yn
chwynnu oherwydd
bod angen lle ar y
planhigion i dyfu.

Weli di offer
y garddwr?

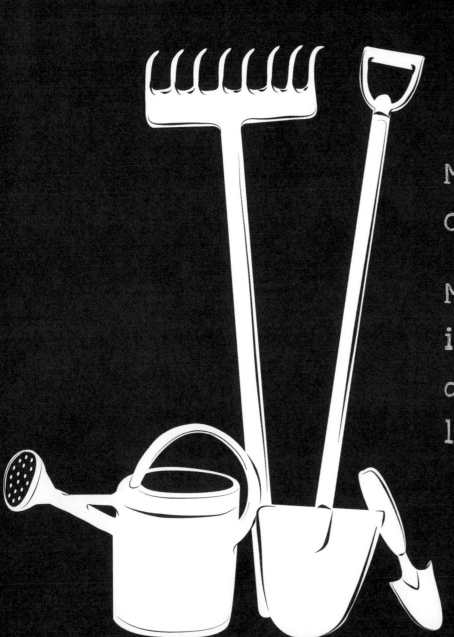

Gwich!

Mae'r garddwr yn
cadw'r offer yn y sied.

Mae rhaw i balu, trywel
i blannu, can dyfrio i
ddyfrio a rhaca i
lyfnhau'r pridd.

Mae dail newydd y planhigyn tomato'n
ymestyn tuag at yr haul.

Pwy sy'n cysgodi o dan y dail?

Chwyrlïo!

Mae dwy fuwch goch
gota wedi hedfan at
y dail gwyrdd.

Chwilod smotiog gydag
adenydd ydyn nhw.

Mae llinynnau sidanaidd yn dal y golau.

Pwy allai fod wedi
gwneud y we hon?

Nyddu!

Nyddu!

Nyddu!

Mae corryn
yn tynnu sidan
o ganol ei gorff
i nyddu gwe.

Mae'r sidan yn ludiog
ac yn gryf i ddal pryfed
ar gyfer ei ginio.

Mae diferion o law yn cwympo ar y pridd
a'r planhigion, ac yn eu helpu i dyfu.

Pa anifeiliaid sy'n cael bwyd
pan fydd hi'n bwrw glaw?

Mae malwod a gwlithod
yn dod i'r ardd yn y glaw.

Maen nhw'n bwyta dail y planhigion.

Llithro!

Dydy garddwyr ddim yn hoffi bod anifeiliaid yn bwyta'r llysiau. Maen nhw'n gallu amddiffyn y planhigion â chwistrelli neu rwydi arbennig.

Beth sydd o dan y gorchudd yma?

Letysen sydd yna.
Mae'r garddwr
wedi'i gorchuddio
i'w hamddiffyn
hi rhag malwod
a gwlithod.

Tap!
Tap!

Mae pryfed bach gwyrdd
yn hoffi bwyta'r dail suddog.

Ond mae anifail arall yn hoffi
bwyta'r pryfed bach gwyrdd.

Weli di beth yw e?

Siffrwd!

Mae adar fel y fronfraith hon
yn pigo pryfed oddi ar y planhigion.

Mae'r planhigyn tomato wedi tyfu blodau. Mae gwenyn yn cario paill o'r naill flodyn i'r llall. Mae hyn yn helpu'r tomatos i dyfu.

Ble mae'r paill?

Mae gwenynen yn codi paill gludiog ar ei chorff blewog.

Mae hi'n mynd at y blodau persawrus i yfed neithdar.

Sïo!

Mae'r planhigyn hwn yn tyfu'n dal,
ac yn dringo o amgylch y polion tenau.

Beth sydd
yn y codau?

POP!

Mae tomatos gwyrdd yn tyfu
lle roedd y blodau'n arfer bod.

Weli di unrhyw lysiau
eraill sy'n tyfu?

Mae tatws a moron yn tyfu o dan y ddaear.

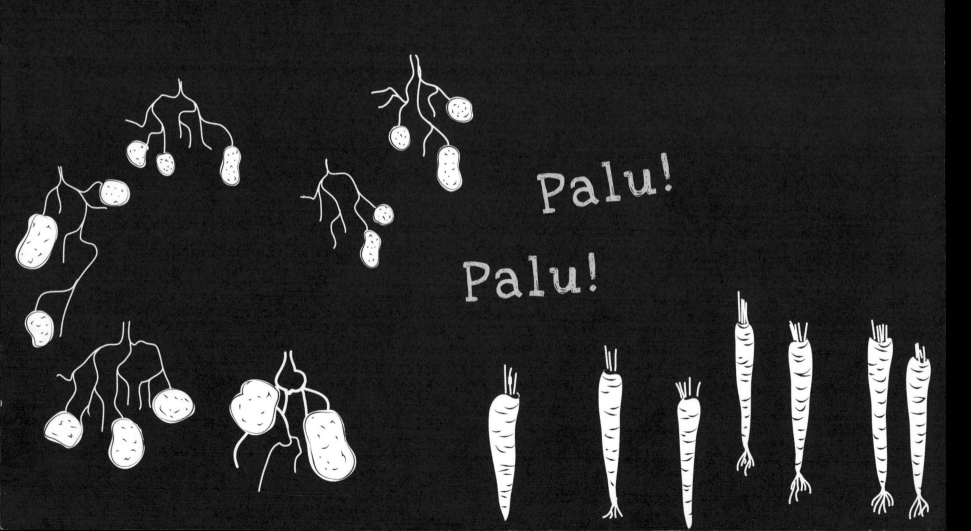

Mae pwmpenni a chorbwmpenni'n
tyfu uwchben y pridd.

Pwy Sy'n cnoi
deilen bwmpen?

Mae llygoden yn mwynhau deilen flasus. Mae anifeiliaid bach yn dod o hyd i ddigon o bethau i'w bwyta mewn gardd lysiau.

Gwich!

Mae'r llysiau'n cael eu cynaeafu.

Weli di pa lysiau sydd
yn y ferfa?

Mae tomatos, moron, tatws, bresych, corbwmpenni a phwmpen yno.

Iym!

Mae'r tomatos yn goch
ac yn barod i'w bwyta.

Beth am dorri un yn ei hanner?

Mae'r tomato'n llawn hadau.
Gall pob hedyn dyfu'n
blanhigyn tomato newydd.

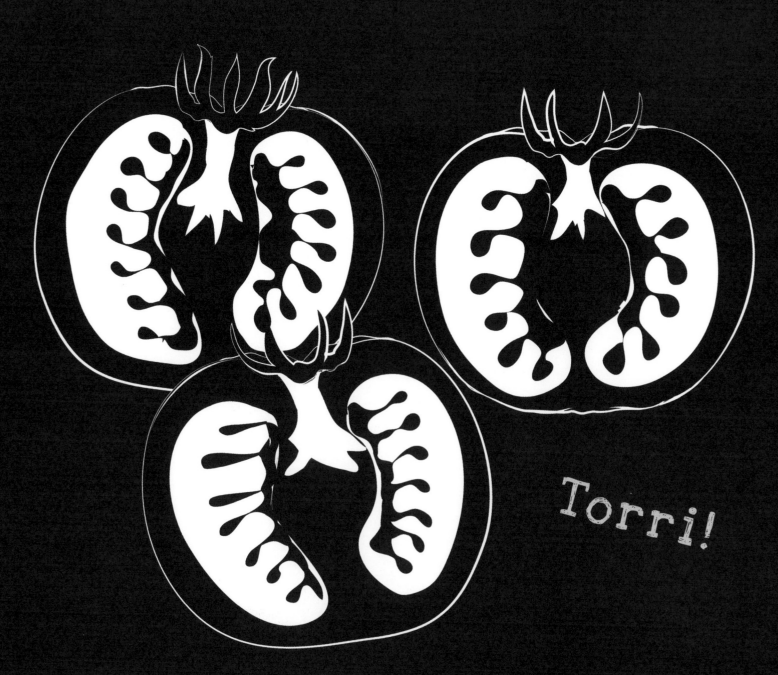

Torri!

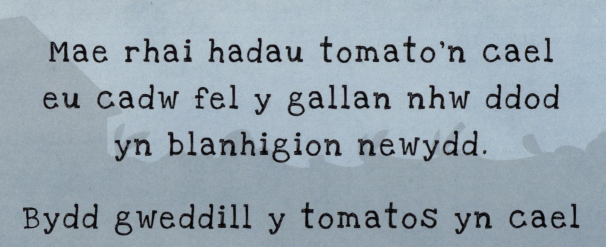

Mae rhai hadau tomato'n cael
eu cadw fel y gallan nhw ddod
yn blanhigion newydd.

Bydd gweddill y tomatos yn cael
eu torri a'u rhoi mewn salad.

Bydd yr ardd lysiau'n tyfu tan
yr hydref. Yn y gwanwyn, bydd
hi'n bryd hau hadau eto.

Dyma ragor ...

Nawr, edrycha'n fwy manwl ar y llysiau a'r ffrwythau sy'n tyfu yn yr ardd. Sylwa ar y gwahanol rannau sy'n newid wrth iddyn nhw dyfu.

Hedyn Mae hedyn yn dod o flodyn planhigyn. Os yw'n cael pridd, gwres o'r haul a dŵr glaw neu ddŵr o'r can dyfrio, bydd yn tyfu'n blanhigyn newydd.

Gwreiddiau Mae gan blanhigyn wreiddiau sy'n tyfu i lawr i'r pridd. Maen nhw'n cymryd dŵr a bwyd o'r pridd. Mae'r gwreiddiau'n lledaenu ac yn dal y planhigyn yn ei le.

Coesyn Mae coesyn yn tyfu i fyny o'r gwreiddiau ac mae i'w weld yng nghanol y planhigyn. Mae'n gweithio fel gwelltyn, yn sugno dŵr a bwyd i fyny i'r blodau, y ffrwythau a'r dail.

Deilen Mae deilen yn wastad er mwyn dal cymaint o heulwen ag sy'n bosibl. Mae bwyd i'r planhigyn yn cael ei wneud y tu mewn i ddeilen, gan ddefnyddio dŵr, heulwen a bwyd o'r pridd.

Blodyn Mae blodyn yn lliwgar ac mae ganddo neithdar melys i ddenu anifeiliaid. Gall rhannau o flodyn wneud hedyn os yw anifail yn dod â phaill iddo o flodyn arall.

Neithdar Mae blodau'n gwneud hylif llawn siwgr o'r enw neithdar. Mae anifeiliaid fel adar, pryfed ac ystlumod yn yfed neithdar. Mae gwenyn yn defnyddio neithdar i wneud mêl.

Paill Mae powdr melyn o'r enw paill yn gludio wrth anifail sy'n bwydo mewn blodyn. Pan fydd yr anifail yn mynd at flodyn arall, mae'r paill yn syrthio ar y blodyn. Dyma sy'n gwneud hadau yn y blodyn hwnnw.

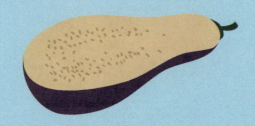

Ffrwythau Mae ffrwythau'n tyfu o flodau rhai planhigion. Y tu mewn i'r ffrwythau mae'r hadau, ac mae planhigion newydd yn gallu tyfu o'r hadau hyn. Ffrwythau yw tomatos a phlanhigion wy.

Cyhoeddwyd gan Rily Publications Ltd 2016
Rily Publications Ltd, Blwch Post 20, Hengoed CF82 7YR
Hawlfraint yr addasiad © Rily Publications Ltd 2016
Addasiad Cymraeg gan Elin Meek

www.rily.co.uk

ISBN 978-1-84967-310-5

Cyhoeddwyd yn wreiddiol yn Saesneg yn 2016
dan y teitl *Secrets of the Vegetable Garden* gan Ivy Press

Hawlfraint © Ivy Press 2016

Crëwyd, dyluniwyd a chynhyrchwyd
y llyfr hwn gan Ivy Press

Argraffwyd yn China